박영희 시집

우연처럼 뜬금없이

박영희 시집

우연처럼 뜬금없이

어쩌다
닿은 손길이 바래지고 구겨진
사진 하나를 발견해선
짠함이 도져 온 시울들이
뜨끈뜨끈 몸살을 앓습니다

시인의 말

한순간 던져 놓고
잊은 듯 해찰하다
불현듯 들여 보다
살살 쓰다듬길
달소수 열나절

두텁게 익었으면
속내도 익었으면
너 익듯 나 익어
도피안도 익었으면

   스승 되어 주신 이형동 선생님, 글 마당을 열어 주신 양상국 대표님 못난 글임에도 글을 이어갈 수 있도록 먼 곳에서 응원하며 용기를 주고 있는 벗님에게 감사의 말을 자리를 빌려 전합니다.

   글을 쓰고 읽고 마음에 담는 모든 님들의 건강과 행복을 하늘에 올려두며 새로운 글을 찾아 나섭니다.

                              2022년 봄. 소하

시인의 말　　　　　　　　　　5

1 • 나에게 하는 말

화가	12
잊힐 리 없는	13
엄마	14
천적의 품	16
이면(裏面)	18
찬바람이 불면	19
통각점	20
나에게 하는 말	22
너에게 간다	23
허기(虛氣)	24
고백	25
노을	26
주름	28
길을 잃다 (1)	29
길을 잃다 (2)	30
그대를 보다가	32
섬	34
말장난	35
기다림이 가진 의미	36
아직, 미련이 아니길	37

2 • 진달래가 피면

일주문 앞에서	40
우리 아버지	42
비가 오면	43
민들레	44
목련	46
시작도 하기 전에	47
꽃비 내리는 날	48
진달래가 피면	50
봄, 그리고 비	52
멋있다	53
선잠	54
작별 즈음	56
황새냉이꽃	57
어떤 그림	58
메아리로라도	60
산해박	62
봄은	63
꽃등	64
띠 지는 때에	65
우연처럼 뜬금없이	66

3. 별을 보며

아주 느린 편지	68
길을 걷다가	69
지난밤에 꾼 꿈 이야기	70
콩깍지	72
이별	74
백일홍	75
비도 분다 하여	76
별을 보며	78
봉숭아	79
내가 만일	80
그림자 걷기	82
매미 우는 소리에	84
비가 내리면	86
달맞이꽃	87
폭염 경보	88
그러할 때면	90
바위가 이끼에게	92
물매화	93
여우비	94
풀잎이 풀 섶이 되듯이	95

4 · 바지랑대의 하루

가을이 쓰러진다	98
바람의 변명	99
코스모스	100
단풍	102
가을 몸살	103
갈대	104
해바라기	105
내 안의 안부	106
바지랑대의 하루	108
해였는지 낮달이었는지	109
그런 것	110
노각	111
담쟁이	112
가을 단상	114
해바라기 연가	115
고향	116
그때, 가을	118
우두커니	119
기다림	120
가을에게	122

5 • 흩어질 이름에게

겨울비 (1)	124
첫눈	126
서리꽃	128
첫 눈(目)	130
감기를 앓는 이유	131
선물	132
생의 자락	133
사랑, 오롯이 사랑	134
흩어질 이름에게	136
겨울비 (2)	137
꿈처럼 바람처럼	138
그런 사람	140
거리	141
백일해	142
약봉지를 자르며	143
그런 순간이 있다	144
첫눈 내리는 날	146
소름꽃	147
잃고 싶지 않은 것	148
눈 내린 천변에서	149
소녀 ••• 박병열	150
박영희 시인 ••• 이형동	153

1부. 나에게 하는 말

비가 내려
봄인가 했다

바람이 자롤 열기에
꽃샘이 오려나 했다

장항아리 정화수 위로
휘휘 불다 내리는
싸락눈

간절한 바람이
들고 난다

- 1부 테마, 간절기

허가

세상이 쉼 없다 한들
한 점에 멈춰있는 시선은 흐르지 않는다

유년기의 궁핍이
지금의 행복을 위한 바탕이 되었다면
그리 슬퍼할 일도 아니고
툭 던져 놓고 지나가 소리 없이 흩어졌던
생채기 많은 단어들을 붙잡고
청승 떨 일도 아니다

사소한 값을 지닌 얼룩점 하나를
비 온 뒤에 헝클어진 땅 냄새, 풀 냄새를
내가 살아온 만큼의 석양을 기억한다는 건
그곳에 내 하나를 두고 온 것이나
슬며시 어깨에 얹힌 시간인 것을
슬픔마저 조금씩 지우는 햇살인 것을

해님을 만난 서리꽃이 어깨를 움츠릴 때
어느 울 안 보꾹 너머에
웅크리고 있던 동백꽃이
잔설 위에 몸을 날리며 봄을 알리는데
이제 흘러가야 하지 않을까

잊힐 리 없는

아직은
마음만 앞서는 계절입니다

어딘가에는 길눈이 내렸고
어딘가에는 살눈만 내렸다는 소식들이
먼 세상 얘기처럼 들려왔습니다

인적 드문 골목길에서 만난 자국눈을
멍하니 선 채 손으로 받다가
먼지잼으로 변하는 틈을 비집고 들어온
그대를 봅니다

언제였는지 기억에는 없지만
마당 한구석에 개미장이 섰던 날
쏟아진 비를 뚫고
설레게 다가왔던 그대 모습이

신기루 되어
흩어질 듯 말 듯 내리고 있습니다

엄마

난 잊고 살지만
잊고 산 적이 없는 사람

난 내 몸 아파 울지만
그런 날 보며 제 몸 아픈 건 잊은 채
울고 있는 사람

어쩌다 안부 한 번 물어주면
백 마디 말로 다독거려주는 사람

내 껍딱
내 마음을 쌓고 쌓아 올린 들
그 마음 하나에라도 닿을 수 있을까

목이 메면 소리 없이 울기라도 하지
마음이 메어버리면
아무것도 할 수 없는데
내 껍딱은 자꾸 마음을 메이게 해

* 껍딱 : 껍질을 의미하는 전라도 사투리
    글에선 - 엄마를 뜻 함

달각소리에 설레어 눈을 뜨고
세상을 업고 서 있는 그림자에
푸석한 낯빛에 눈물 쏟으면서도

아무말 못하고 내민 손 마주 잡고
그 세계를 다시 품안에 넣고
살아버리는

그런
의미였더랍니다

천국의 품 · 경에서

천적의 품

들리는 말이 있었습니다
어떤 사람은 평생을 마주 보며 살아야
살아지는 사람이 있다는...

그것은,

안 보면 보고 싶어 안달이 나고
못 보면 못 봐서 속이 타
무엇을 해도 의미 없어 허무한 날들이었다는
그런 의미가 아니라

그냥이라도 곁에만 있어 주면 좋아서
하냥 배시시 거리다
힘든 줄도 모르고 살아지더라는
그런 의미도 아니라

볼 수 없던 날
멀리 있던 날
아픔에 지쳤던 날
외롭던 날,
종일
세상에 없을 원망탑을 세우고
숯검벙 가슴으로 돌아앉아 놓고도

달칵 소리에 설레어 눈을 들고
세상을 업고 서 있는 그림자에
몸마저 돌리고
푸석한 낯빛에 눈물을 쏟으면서도
바보처럼 히... 하고 웃고 마는

아무 말 못 하고 내민 손 마주 잡고
그 세계를 다시 품어 안고
살아버리는
그런 의미였더랍니다

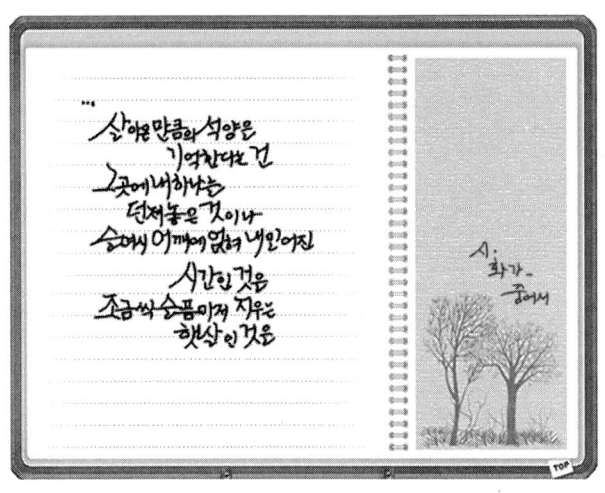

이면(裏面)

소리 없는 비명에
심장 내려앉는 소리를 듣고 있겠다

마른 사막이
벌 떼처럼 일어나고 있겠다

사막이 삼켜지고
싹 틔울 씨가 날아들고 있겠다

석화된 점토가 묻히고
짙은 어둠을 걷어 내고 있겠다

고요한 수면 위에 내던져진
바람을 안고 있겠다

파리한 낯빛 넘어
요동치는 무수한 궁리가 있겠다

가시 돋친 언저리를 거닐다
슬슬 웃고 있겠다

찬바람이 불면

매정한 바람이
건성으로 툭 건드린 마음
뻐근해진 가슴 움켜쥘 새도 없이
눈물이 길을 내며 가슴을 따라나선다

해 뜨고 지는 찰나
허물어진 기억의 빗장 틈에서
낯선 걸음으로 다가온 연자색
처음 그러했듯 싹을 틔우고

간절기 끝에 걸려 있던
주술들이 널뛰기 시작하며
끊임없이 찾아오는 불치병
여며지지 않는 가슴에 거센 파문이 인다

통각점

어쩌다 입을 벌려 말할라치면
거미줄부터 걷어내야 한다

침묵이라는
허울 좋은 옷을 입고 있지만
실상은
거북 등에 올라앉아 있어
피부로 닿는 면적이 작아
데면데면 굴고 있는 것이다

묵언 수행하라면
손뼉 치며 두 손 들어 환영할 일인데

그래도
그대는 통각점으로 남았으면 한다
고독이 되었든
불편함이 되었든 아득함이든
생각할수록 깊게 빠져들었으면 한다

나,
싸한 그것을 오래전부터
내 심장과 같은 위치에 놓아두었으니

상념도시에
안개처럼 피어올라
가슴 한 구석에
새로운 상처를 남기더라도

사 지워 버리거나
랑 잊어 버리거나
은 잃어 버리거나
　　　하면
안 되는 것이니까

시 · 나에게 하는 말 · 중에서

나에게 하는 말

사는 게 훨씬 나아질 것 같아서
지금보다 행복해질 것 같다는 생각에
잊고자
지우고자 애쓰지 말자

앙금처럼 가라앉아 있다
어느 순간
바람 한 점에 휘휘 돌아
뽀얀 먼지로 떠오를지라도

상념 되어
안개처럼 피어올라
가슴 한 구석에
새로운 생채기를 남기더라도

사람은
지워 버리거나
잊어 버리거나
잃어 버리거나 하면
안 되는 것이니까

너에게 간다

하나였음을 애초에 알았지만
덥석 안겨드는 건 손해 보는 것 같아서
너와 나 사이에
새파랗게 질린 선 하나
그어 놓고 있었다

서럽고 아득하여 몸태질도 못 하고
맥없이 축 늘어져 있던
아득하고 참담했던 그날
한 치 앞을 볼 수 없었던 짙은 안개를 뚫고
는개에 흠뻑 젖은 몸으로
네가 내게로 왔던 그날처럼
내가 너에게 간다

날 향해 있던 그 마음이 이렇게나
안타깝고 저릿했을 줄 몰랐다
그 가슴을 이제야 감싸 안아 들고
더디고 서러웠을 길을 밟으며
너에게로 간다

새파랗게 살아
출렁이고 있는 줄을 끊고
너에게 간다

허기 (虛氣)

쏟아져 춤추고 있는 말들을
구경만 하고 있었는데
밀물 들이치듯 들어와
모래성을 쌓는다

내 것도 아닌 것을
버리지 못하고 주워섬겨
은결드니 오죽할까
공허한 가슴 좀 붙들어 매려는데

어긋나기만 하는 야무지지 못한 손끝에
잦아들 줄 모르는 한숨은 늘어
애먼 가슴만 쥐어뜯는 사이
손톱달 안아 든 밤은 소리 없이 깊어간다

고백

너를 만나기 전에 나는
허허로운 가슴 벌 담금질하며
뜨겁게 불만 지폈던 풀무였었어

너를 만나기 전에 나는
살아온 날 바라고 바라며
꿈을 좇아 헤매던 바라기였었고

너를 만나기 전에 나는
시간이 지나는 길목에 서서
항간을 떠돌던 외로움이었었지

너를 만난 후 나는,
산간에 사막에 늪에 엉겅퀴밭에 발 디딘
절실한 파수꾼인 너를 따라가고 있어

노을

네 가는 길
모를 리 없지만은
내 젊음의 덧없음에
슬픔이어라

마지막을 태울 수 있는 불꽃이
네게 있음 또한 모를 리 없지만은
잿빛 하늘에 화려한 몸짓으로 비상하고 있는
너의 숨 막히는 자태만이 내 생명 됨에
슬픔이어라

그 일말의 끝
넘실대는 진홍 빛 바다가
내일을 위한
너의 언약임을 알고 있음에
슬픔이어라

너의 짧은 시간마저
내겐 부러움이 되기에
너의 붉은 사연마저
내겐.....
짙은 한으로 남을 소망되기에
내 생의 슬픔이어라

미안합니다

그대 얼굴에
깊게 파인 주름골
하나하나가
다 나에게

시 · 주름 · 중에서

주름

미안하다는 말보다
고맙다는 말을
하라는데

고마운 마음
한 발치 앞에 있는
미안하다는 말만
생각납니다

미안합니다

그대 얼굴에
깊게 파인 주름골
하나하나가
다 나이기에

길을 잃다 (1)

뜬구름 잡듯 허공을 걷는 시간
기쁠 때 울고 슬플 때 웃는
챙겨 줄 것도 챙길 것도 없는데
나보다 먼저 마음이 알았던
허망하고 무력했던 것들

나를 들여놓고 살아온 삶이 얼마나 있었던가
마중 나와 줄 사람이 있는 것처럼
어느 모퉁이
구멍 숭숭 뚫려 허물어진 강둑에
멍하니 앉아
어둠이 검고 깊게 깅물에 내리는 걸 바라보며
일어설 것을 잊은 채
얼마를 기다리고 있었던가

앓는 소리를 내며
정처 없이 흘러가던 숱한 시간들이
잊힌 듯 멀어지면
그때는 일어설 수 있을까.

길을 잃다 (2)

어지럽게 널려 있는 옷가지들을
차곡차곡 반듯하게 갠다

삐딱하게 걸린 옷들도
깃을 세워 바로 잡아 주고
널브러져 있는 책들도
종류대로 키 순서대로 책장에
반듯하게 꽂아두고
색연필도 붓펜도 네 가지 색 볼펜도
심 다른 연필들도 지우개도
줄 노트도 무지 노트도
가지런히 정리한다

제자릴 찾은 것들의 얼굴이
반질반질하다
뽀얀 웃음으로 다가와 손을 내미는
그것들의
곧게 뻗어있는 길을 보면서도
선뜻 걸음을 떼지 못하는 것은
생을 틀어버린 말 한마디가
온몸을 옥죄고 있기 때문

탓,

보이지도 않던 내가 어느 결에
그리도 많이 들어앉아 있었던가
막혀버린 마음 끝에서
이정표 하나 바로 세울 수 있을까

쉬고 쉬며 쉬는 간이역에서
멍한 시간이 길어지고 나면
늦지 않았다고 말할 수 있을까

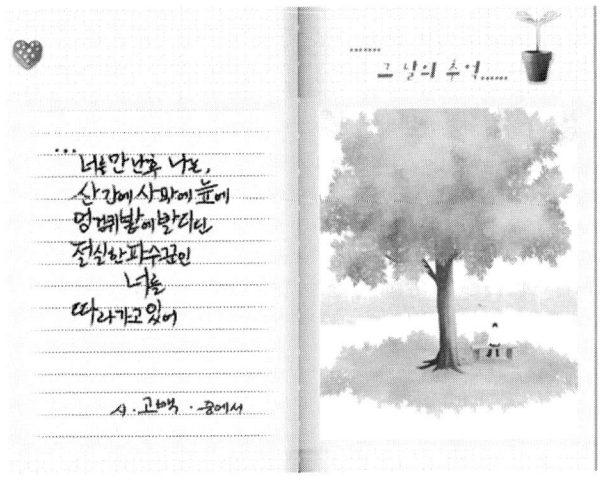

그대를 보다가

시간을 건너오긴 했나 봅니다
전에 없이 눈물 나는 것을 보니

그대의 모습에서 내가 힘든 만큼
그대도 힘들다는 것을 읽습니다

아무렇지 않은 듯
농을 던지는 웃음 속에서
그대의 마음을 읽습니다

어제 일도 몇 시간 전 일도
오래전 일인 양 잊은 듯 털어내는
그대의 사랑을 감치게 읽으며
어느새,
눈시울 붉어졌습니다.

여느때처럼 다 열어주고
돌아올수 있었으면 좋았으련만
일부만 내어주고 왔더니

남아있는 설움이 갈길을 잃고
생채기에 덧칠하며
이리저리 발에 차이고 있다

시 · 섬 · 중에서

섬

내 가슴엔
내 마음먹고 자라는 섬 하나 있다

굽이치는 여울이 하나둘 생겨났고
언제부턴가 셀 수 없을 만큼 늘어갔지만
할퀴고 지나가는 험난한 세파를 넘으며
흔들리지 않았고
몸 부풀리기에도 소홀하지 않은
그 섬을 만나고 온 날

여느 때처럼 다 얹어주고
돌아올 수 있었으면 좋았으련만
일부만 내어 주고 왔더니
남아있는 설움이 갈 길을 잃고
생채기에 덧칠하며
이리저리 발에 차이고 있다

말장난

너와집 사진을 보다
너와 내가 같이 사니
너와집인가 했네

돌아올 생각 않는 너를
심장은
물과 바람에 닳을 생각 않고
지달리는데

쪼작쪼작 가다
들이치락내치락하다
시드럭부드럭 꺾어가네

너와집 사진 시뜻해
저만치 던져 놓고
개진개진 울음만 삼키네

- 쪼작쪼작 : 가볍고 느리게 걷는 모양.
- 들이치락내치락 : 마음이 내켰다 내키지 않았다
                  하면서 변덕스러운 모양.
- 시드럭부드럭 : 꽃이나 풀 따위가 차차 시드는 모양.
- 시뜻하다 : 물리거나 지루해져서 조금 싫증난
            기색이 있다.
- 개진개진 : 눈에 물기가 끈끈하게 서리어 있는 모양.

기다림이 가진 의미

기. 다. 림. 이란 글자에는
무엇이 들어 있길래
눈에 띄자마자 가슴이
이 소리 저 소릴 못 내 안달을 낼까

무엇이 숨어 있길래
배시시 웃다가도 그새 젖어 든 눈가를
뉘라 볼세라
아닌 양 훔쳐내는 이들이 많을까

매양 기다림 할 수 있는
지금이 좋다며 떠벌이는 마음엔
무엇이 들어차 있는지
마음길 여행이라도 하면 알아질까

아직, 미련이 아니길

나라는 존재를 인식하지 않았던 너에게
가던 마음을 버리고
매달렸던 삶도 내려놓고
호시탐탐 노리던 방관에게 자리를 내어 준다

애써도 닿지 않아 마음만 쓰리던
무겁게 올려진 무게 따위엔
티끌 하나 내어 주지 않기로 했다

불안하고 불편했던 것들이 틈을 벌리며
옹알일 하다 머물던 것까지 끌어와
말하기 시작했을 때
끝내 버리려 하지 않는 마음 구석 하나가
아직의 마음을 다 헤아리지 못하고
기대와 포기 사이에서
눈을 떼지 못한 채 울가망하고
잠과의 악연은 대물림처럼 이어져
애저녁에 포기하고
여명이 깨어나지 않은 길을
떼어낸 것들로 덮으며 걷는데

버리지 않았다는 말의 위력으로
펄떡펄떡 살아나 흡입한 삶이
조용히 뒤를 따라나선다

2부. 진달래가 피면

누군가는 목숨줄
툭. 툭.
내던지며 가고

누군가는
눈개처럼 흩날릴
준비를 하는데

호젓한 길에
오롯이 핀 참꽃이
헌하게 웃는 통에

설렌 눈시울이
기다림을 잊은 채
덩달아 웃네

- 2부 테마, 봄

일주문 앞에서

또 멈춰 섰습니다
무슨 뜻이 있어 멈춘 것은
아닙니다

머리와 발이
멀리 떨어져 있는 관계다 보니
가끔
발이 머리를 무시한 채
제 멋대로 제 뜻대로 멈춰 서선
머리의 의향도 물어보지 않고
오래도록 서 있기만 합니다

그럴 때 보면
꼭 저 앞이 더랍니다
그래서 머리는 발에게
가만가만 물어봅니다

"너... 죄가 많구나?"

그러면 발은 보다 더 조용하게
머리에게 대꾸합니다

"나보다 니가 더 많잖아!"

저 앞에선 꼭 그럽니다
한 번도 지나치는 일 없이
그 자리에 오래도록
멈춰 서있곤 합니다

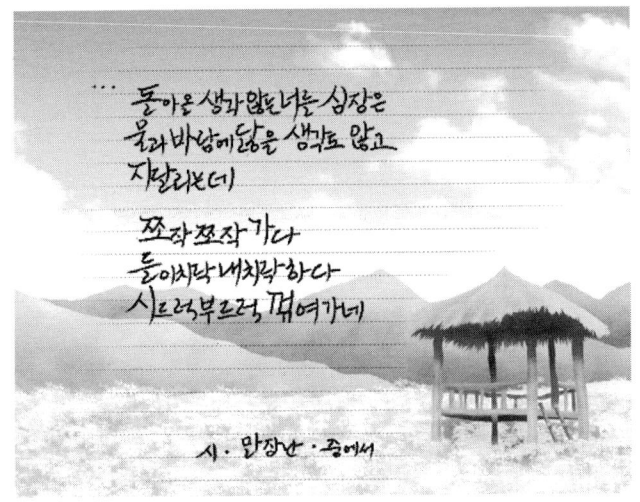

우리 아버지

검붉은 얼굴에
눈매가 서글서글한 우리 아버지

푸른 시절엔
톱질하고 나무 자르고
대패질하고 못 질 하는
누구도 따를 수 없는
목수셨다네

술이 술술 넘어간다는 핑계 삼아
노을 지는 길 마다하고
가로등 불빛 아래
긴 그림자 벗 삼아 돌아오시네

한 줄……
두 줄……
주름 위에 걸려 있는
분분한 복사꽃 잎
먼 산 위에 그려 보는 고향

삼백예순다섯 날 한결같이
그 연한 눈빛 위엔
하늘을 타고 오르는
해바라기가 자라네

비가 오면

후드둑... 소리에
이름 없는 네가
무작정 그리워진다

밤새 내리는 서늘한 기운
바람에 묻어오는
단내마저 삼켜버리고
물먹은 그리움들이
소란스러운 가슴을 펴며 일어서고

모서리 끝에서
누망 같은 생명을 놓시 않고
흐르는 빗물에 아롱지는 네 앞에
내어놓은 커피 한 잔.
한 방울 빗물에 흩어지는
추억의 나무들이
가슴을 비집고 들어와
깃발처럼 흔들린다

비가 오면
숨소리마저 삼켜진 내 세상에
이름 없는 네가
그리움으로 무작정 찾아온다

민들레

바람에 실려 가는 너는
어디로 가는지
알기나 하는 듯
너울너울 춤추네

속 타는 줄 모르고
장단 맞춘 몹쓸 소소리
휭 하니 불면 두둥실 둥실
살포시 얹혀 하늘하늘
날아가 버리는데

돌아보지 않는 너를 보내고
앙상한 길을 사납게 끌어안아 보지만
힘줄 수 없는 자리에
쓸쓸한 기척만 살아남아
눈꺼풀마저 결려 올
오랜 불면의 시작을 알리는데
세상모를 바람은
풀잎을 스치며 노니네

찬바람 바껴가고
먼산 다가오고
논둑길 아지랑이 끝
모르는 새 헤산기리다가

툭
떨어지고야 만

그 나무 또 걷고 있네

시 · 목련 · 중에서

목련

서둘러 일어선 이들을
짐짓 외면했는데
모르는 새
열린 마음 야속하네

찬바람 비껴가고
먼 산 다가오고
논둑길 아지랑이 끝
모르는 새 헤실거리다가

툭
떨어지고야 말
그날을 또 걷고 있네

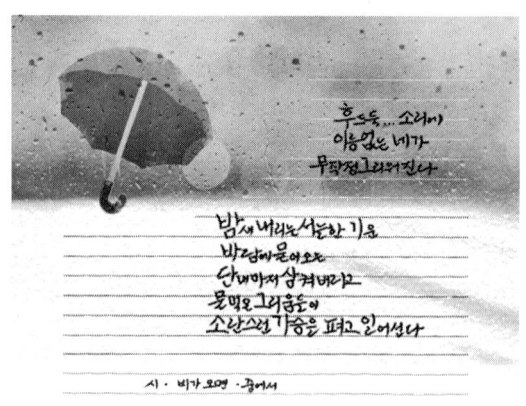

시작도 하기 전에

애벌 써레질이 끝난 무논에
바람이 분다

물빛을 따라
깃들어 볼까 궁리하던
산 그림자가 흔들리고
향을 덧입고 있던 수수꽃다리가
그럴 줄 알았다며 꽁지 빠지게
달아나 버린다

누가 그립다 했더냐
소리 낸 것도 아닌네
아주, 잠시
바람을 흘깃거렸을
뿐인데

이 못 된 것들을 그냥.

꽃비 내리는 날

사월 초여드레 날 오층 병실에서
네 기침 소리를 처음 들었던 것 같아
그랬던 네가 열흘을 참지 못하고
그렇게 잔기침 소릴 내며 내린다고
눈 하나 깜짝할 것 같니

술렁이던 사람들이 빠져나가고
하릴없이 수납 창구 앞 의자에 앉아
소소리바람에 휘말리고 있는 너에게
닿는 햇살이 예뻐서
꼼짝 않고 보고 있는 거지

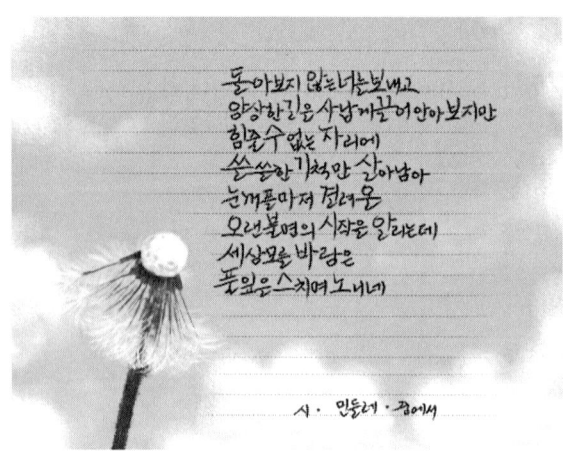

때가 되면
그리운 이에게
편지는 쓰지는 않더라도
눈들어 보는 그림자가
아른거려
가슴은 소란스레
들썩거리고

꽃 따러 가잔 말이
듣고 싶은건지
귀는 옆일 근질거려
속을 탄다

시 · 진달래가 피면 · 중에서

진달래가 피면

때가 됐나 봐 걸음 멈춰지고
먼 곳 향하던 시선도 멈추는 걸 보니

- 꽃 따러 가자

아른거리다 환청처럼 들리는 소리에
까마득한 속살들이 다가오네

100kg 쌀부대 자루를 하나씩 옆구리에 끼고
분홍 일색으로 뒤덮인 산을 오르곤 했어
두견새며 두견화라 불린다는 것은
애초에 몰랐었고
꽃도 그리 좋아서는 아니었어
소쿠리에 소담하게 담아
화전을 부쳐 낼 것도 아니었고
그저 꽃술을 담그기 위해
부대자루에 꾹 꾹 눌러가며 가득 따곤 했지

달달한 향기에 취해
한 움큼 입에 넣고 오물거리다
달달한 맛에 반하기는 했지

분홍의 노을이 서녘에 걸릴 때쯤
김장독 보다 큰 장항아리 옆

마당에 널린 꽃들이 물빛을 담고
환하게 살아나는 바람에
설렌 가슴을 꼬오옥 부여잡기도 했지

별스러울 것 없는 그저 그랬었다는 얘기야

때가 되면
그리운 이에게 편지는 쓰지 않더라도
눈 들어 보는 그림자가 아른거려
가슴은 소란스레 들썩거리고
꽃 따러 가잔 말이 듣고 싶은 건지
귀는 연일 근질거려 손을 타곤 해

봄, 그리고 비

무심하게 스친 오월의 달력에
못이 박혀버렸어

후드득, 쏟아진 빗소리가
귀청을 때려도
무슨 아픈 것들이 저리도 많은지
박힌 못은 빠질 생각을 않네

아슴하게 멀어진 날이 분명한데
3층 주택 옥탑 옆 배수구에
새끼를 빠트린 길냥이 어미의 설운 소리가
비를 타고 이명처럼 들려오네

누구를 잃었던 기억도 없는데
바득바득 어찌해 볼 도리 없었던 안타까움이
그날의 비와 섞이어
멍으로 남은 게지

찬란한 봄에 비가 내리면
박힌 못처럼 쓰잘머리 없는 것들조차
낯선 이국땅 냄새를 풀풀 흘리며
가슴을 차지하기 위해 안달을 내곤 하지

멋있다

눈 들어 바라본 흐릿한 하늘이 멋지네

살짝 흩뿌려진 비에 촉촉한 흙의 향이 좋고
어깨에 내린 이슬비를 고스란히 안고 있는
내 모습도 멋있어 보이곤 해

작은 어깨에 삶을 걸머진
등이 휜 사람들이 걸어가는
모습이 멋있고
떠나는 계절의 모습이 더욱 멋지지

속절없이 스러져 가는 빛살이 좋고
한 땀 한 땀 기워 온 생만큼이나
밀려드는 회한에 돌아볼 수 있는
지금,
찰나의 구간 구간들이 멋있어
눈을 아리게 해

선잠

웅크리고 누운 귓가에
바람 소리가 닿는다

무엇을 데리고 왔는지
유난히 소란스러워
좋은 생각 하며 잠들려던 꿈은
뒤로 물러선 지 오래
거친 호흡 내뱉고 있는 발자국을
따라가 보기로 한다

멍석 깔아놓았더니
입 닫아 버린 밤
오장육부를 들쑤시더니
얌전하게 한가득 내어놓은
여명

하아……

날려 버린 밤 끝을 잡고
산모퉁이 돌아오는 햇살에
안개 한 줌 걸려 있으면
좋으련만.

미동 없이 찾아드는 진한 별에
꽃잎마저 숨을 내주고
놓아주 자리는 선명했었는데
새파란 날을 세운
초록에 반항 중인 가슴이 잎사 한들
어쩌리

진흙위에 떨어진 별처럼
유난히 반짝거렸던 네가
아리도록 아슴푸레하게
사라져 가는걸
보고만 있을 것을

시 · 작별 그 음 · 송예서

작별 즈음

한기 드는 바람에 옷깃을 세웠지만
여름이 머지않았는지
봄의 비늘에 눈이 아려온다

새파란 겨울이 내린 땅 끝자락에
내가 아는 봄이 존재하고 있었기에
마냥 너를 기다릴 수 있었다

봄빛이 야트막하게 깔린 땅을 디디면 어김없이
그 어느 봄빛보다 짙은 네가 다가와
마른 사마귀 같은 마음에 꽃씨를 뿌렸고
감기처럼 들러붙어 떨어질 줄 몰랐던 고독을
눈물로 씻겨주었다

미동 없이 찾아드는 진한 볕에
꽃잎마저 숨을 내주고
놓아줄 자리는 선명해졌는데
새파란 날을 세운
초록에 반항 중인 가슴이 있다 한들
어쩌리

진흙 위에 떨어진 별처럼
유난히 반짝거렸던 네가
아리도록 아슴푸레하게 사라져 가는걸
보고만 있을 것을.

황새냉이꽃

추우면 아랫목을 찾고
바람만 들어도 엄살 부리는 계절을 넘어
푸르게 네가 왔지만
나는 여전히 불망의 기슭에 앉아
한숨만 내뱉고 있어

희미한 너의 웃음이 얇은 손수건처럼
산산이 가라앉은 날부터
풍겨오는 비린내에
나날이 깎여가던 인내심이 바닥날 때쯤
봄볕을 오려 품에 안을 수 있었지만

네가 바란 행복이 품속에서
유난을 떨어도
너 있는 곳에 두고 온 한 줌 미련이
이월되지 않고 문 앞을 서성이느라
뿌연 증기로 매듭진
그리운 꽃만 달았다.

어떤 그림

1.
지난 어느 날
어떤 외로운 이가
공원 벤치 등받이에
자기 마음을 그려 놓았다

그리고 어느 날 다른 어떤 이
그 그림 밑에
자기 마음도 그러하다고
그림을 덧붙여 놓았다

지나가던 어떤 이
덧댄 마음들 위에
염치없이 자신의 무거운 팔을
슬며시 기대 놓는다

2.
무료한 한낮의 공원 안에선
어르신들 사이로 적적한 그림들이
마른 연기 되어 피어오르고

이름 모를 새 한 마리 홰를 치며
뿌연 허공에

한 줄 그림을 그리는 사이

새 단장에 여념 없는
공원 운동장 한 귀퉁이에선
인공 잔디가 저도 잔디라며
저 홀로 푸릇푸릇 고성방가 하는
틈 사이로
화석처럼 굳어진 낙엽 한 장
자리를 잡는다

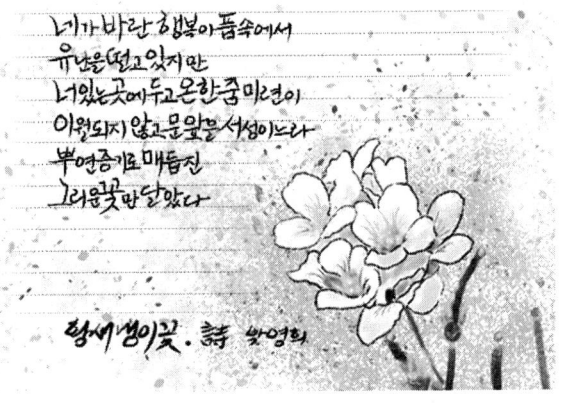

메아리로라도

이렇게 어두운 하늘을
하염없이 바라보고 있는 것은
그곳에 네가 있기 때문이다

- 아프지 말아라.

이 말 한마디조차
전해 듣지 못하는 가여운 네가
밤마다 가슴속에서
큰소리를 내며
난분분하고 있기 때문이다

지켜내지 못한 울안에서
오늘도 목 놓아 울고 있을 너에게
닿지 않을 메아리를
밤하늘에 속절없이 던져 놓는다

하해를 엎에 띠고
가슴을 펴고
댕강넝쿨의
손을 잡고
기억너머
세월을 밟는다

먼곳의
너와 닿은 시간을.

시 · 산해박 · 중에서

산해박

마른 햇살을 맞으며
온다는 기척도
간다는 기척도 없는
널 기다리다

안개 바람을 타고
풀잎을 건드리며
비를 타고 오는
발자국 소리에

항해를 잃어버린 가슴을 펴고
댕강 넝쿨의 손을 잡고
기억 너머 세월을 밟는다
먼 곳의 너와 닿은 시간을.

봄은

겨우내
눈 소식에 뚝 떨어졌던 가슴
봄이란 글자를 보자마자
새로운 심장을 만난 듯
마중물도 없이
펌프질에 열을 올린다

움츠린 어깨 펴지더니
때 이른 핑곗거리에
울렁증 멀미는 아랑곳 않고
멈추지 않는 타박도 귓등에 걸어놓은 채
바람난 심장은 버둥거리며
잠결에도 봄을 찾아 헤맨다

꽃등

알 수 없는 곳에 발을 들였다는
어느 이의 소식에 서늘해진 가슴이
얄팍해진 연줄을 퉁겨
눈물길을 열고 말았다는데

별마저 잠든 처마 끝 너머 하늘엔
귀뚜라미 울음소리만이 가득해
멍울진 마음 틈들이 갈 길을 잃었다는데

쉼 없이 피고 지는 누군가에
소리 없이 닫힌 우주가 안타까워
천샘에 바람 한 점 불러오는 누군가에
환생의 고리를 잡고
하염없이 염원을 붓는 누군가에

빛나는 꽃등은 숱한 밤을 지새운다는데

벌써 먼 길 들어 선 손 하나가
산 사람의 몫을 열어두고
등 떠밀고 있다는데

그저
또 목숨은 붉게 살다 툭 떨어질
사바 언덕을 헤맨다는데

떠 지는 때에

어느 날의
어딘가라고 썼다가
조금 친절해지기로 했습니다

동백이 목숨 줄을 던질 때였고
배롱나무가
켜켜이 숨은 꽃을 내놓을 때였고
꽃무릇이 한없이 달아오를 때였어요

그 피고 지는 것은 안중에 없었지요

얼마 전부터
가랑비처럼 젖어든 저것들에겐
미안하지 않습니다

엄동 안에서 숨을 키우는 냉이처럼
아직은……
이라고 씁니다

우연처럼 뜬금없이

천년의 한이 굽이굽이 흐르는
봄비를 만났습니다

어쩌다
그런 봄비를 만나는 날엔
미워했던 사람마저도
그리운 색을 닮아 있어
더욱 우울해집니다

어쩌다
닳은 손길이 바래지고 구겨진
사진 하나를 발견해선
짠함이 도져 온 시울들이
뜨끈뜨끈 몸살을 앓습니다

매 꽃 벚꽃들이
몸에 향기를 바르느라
여념 없는 봄날에
조막손 반도 차지 않는 사진 하나가
비를 타고 굽이굽이
한 서린 골짜기를 넘나듭니다

3부. 별을 보며

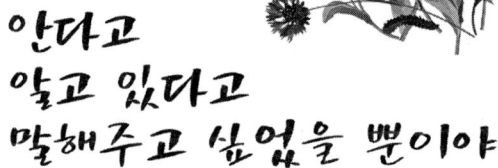

알아.

안다고
알고 있다고
말해주고 싶었을 뿐이야

항상 나를 가로막는
너에게

그저,
그 말 한 마디

전해주고
싶었을 뿐이야

- 3부 테마, 여름

아주 느린 편지

비 내리는 밤이면
뒤란 곁 아까시나무 잎들의 소란스러움과
앞 뜨락 접시꽃을 스치는 비바람 소리와
처마에서 물 떨어지는 소리가
토방을 휘돌다 대청마루를 두드리며
선명하게 들려온다

밤잠을 설치고 홀로 깨어있는 시간에
그리움들이 밀려와
서러움이 울컥 솟아나면
언젠가 써 두고
앉은뱅이책상 서랍에 방치한
부치지 못한 편지를 찾아와
물빛 번진 잉크 자국 끄트머리에
추신을 적는다

'힘든 시간입니다'

한마디가 주는 달콤함에
시름을 털었는데
깊숙이 숨겨 놓았던
때 지난 우표가 손에 걸린 찰나
헛헛한 웃음이 비를 덧입고
세찬 폭우로 들이친다

길을 걷다가

뜨거운 햇살을 피해보려고
작은 공원과 맞닿은 낮은 산의
오솔길을 걷는다

남루한 행색의 흙길 가 풀 섶엔
마음을 두드리는 노란 괭이밥들이
저마다 얼굴을 들이밀고
한껏 사랑한다 외치고 있는데
성큼 다가와 머리를 훑고 달아나는 바람의 장난에
늠름하게 쭉 뻗은 참나무 위에서
이름 모를 새가 푸드덕 날아오르며
장단 맞춰 웃는다

길게 고민하지 않아도
선명하게 떠오르는 엄마 얼굴처럼
흐드러진 개망초 사이에 핀 달개비가
새파란 기(基) 하나를 불러와
줄줄이 일어서고 있는 가슴 밭에서
찾지도 못할 연(緣)을 잇다가
버팀목이던 '언젠가는' 마저 버리고
아릿한 가슴 한편을 부여잡은 채
무심코 고개 들어 본 우듬지 끝자락엔
목멘 소리에 조각난 낮달이 걸려있다

지난밤에 꾼 꿈 이야기

민둥산을 쉼 없이 오르고 있었어
어디에서든 어느 것에든 말을 거는 바람이
휘청 불며 나를 휘돌아 갔지
바람소리에 섞여 든 노래를 따라 불렀어
노래였는데 어느 사이 울음소리로 변해 있었어
울음소리 같았는데 울 엄니 한 서린 푸념이었지
푸념 소리 같았는데 안온한 자장가 소리였더라

밀물의 바다가 일렁이고 있었어
바위들을 에둘러 안은 뻘 빛 작은 바다였지
수평선을 지우며 달려들던 파도가
흰 포말과 함께 부서지는 모습이
안타깝고 아쉬워 다시금 서릿발처럼 부서질
흰 머리칼을 기다리고 있었는데
울 엄니보다 하얀 머리를 흔들고 있는
뻘기꽃 벌판을 거닐고 있더라

오래전 밤하늘에 별이 사라진 걸 아는데
쏟아지는 별을 안고 있는 하늘을 보고 있자니
눈물이 나더라
도시에서 없어진 게
밤하늘의 별만은 아닌 것 같아서

사람들이 안고 가던 길게 늘어졌던 그림자,

내가 끌고 가던 귀하고 선명했던 그림자,
세월이 스며들었던 손때 묻은 일기장,
모두 사라지고 허망한 가슴만 남아 수척해진
내가 있었어

서러웠나 봐
꺼이꺼이 울음 울 때
휘 휙 외로움 쓸고 가는 바람
비시식, 속절없는 웃음을 뱉고 말았는데

순간 옷자락 거둬들이는 밤
그만 눈 뜨고 말았네

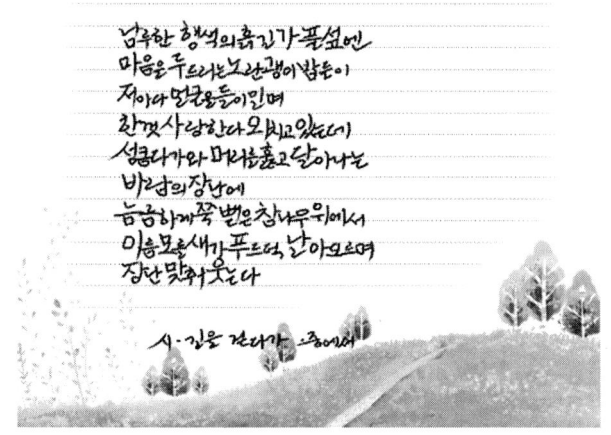

콩깍지

너를 처음 보았을 때부터
겨울바람이
뜨거운 여름을 향해 달려가듯
온통 너만을 향한 내가 있었어

새벽안개처럼 형체도 없고
언제 끊어질지 모를 감정과
어설프도록 몽롱한 감각이었지만
가슴이 원하는 일임을 알았었지

사막이 일어서고
바다를 잊은 폐선들이 수북해도
햇가지로 피어나는 불씨가 있어
여태 눈뜬장님으로 살고 있지

기억의 안갯속에
웅크리고 있던 네가
희미한 물안개로
피어오르면
유리창에 서린
빗방울 지우듯
손바닥으로 지운다

시 · 이별 · 중에서

이별

너를 내 가슴에서 몰아낸다

꽃처럼 춤추는 너의 모습이
빛이 되어 흩날리고 있었다

눈앞까지 떨어진 태양 아래서도
손끝에 매달고 있었던 너의 염원을
들어줄 수 없었기에

울지 않는 네 앞에서
나는 울고야 말았다

기억의 안갯속에 웅크리고 있던 네가
희미한 물안개로 피어오르면
유리창에 서린 빗방울 지우듯
손바닥으로 지운다

서럽게 뒤돌아보며 가는 너를
시리게 잊고 기억하지 못하는 나는

너를 알지 못한다
영원까지 알지 못한다

백일홍

멋없는 꽃대 위에 꽃 한번 피워보겠다고
땡볕 속에서 꼿꼿이 고개를 내밀다
내치는 바람을 맞으며 얼마나 흔들렸던가

몽글한 눈 안에서 두드리길 수천수만 번
호박꽃 사이를 헤집는 벌들의 날갯짓 사이로
열어둔 가슴은 얼마나 뜨거웠던가

어깨 위에 햇솜처럼 살포시 내려앉더니
홀연히 떠나버린 잔향을 지우지 못해
타는 여름 긴 목마름을 어찌 견디었던가

매미가 남기고 간 흔적을 잡고
햇살에 이슬이 하이얗게 꺾여 스러질 때까지
상처로 세운 등불을 하염없이 켜 놓는다

비도 분다 하여

바람의 웃음소릴 들었네
너무한 소리에
창을 열었네

여우 볕살에
벚꽃잎 우수수 나리던
길목도 지키지 못하고
눈물 한 방울도 채우지 못하고
불어 불어 가는 이를 보았네

고까짓 반짝인
햇살이 뭐라고
잡을 손 숨기고만 있다
흘끗 불다 가네
못내 아쉬운
여우비

자울 수 없는
커다란 상처로 남아
분주한 낮엔 잠잠하다가
어둠 깊게 베인 밤
사그라지지 않는
별로 떠
욱신거리게 되면
마루에 앉아 반갑다
인사를 건네고
도란도란 얘기나 나누어야지

시 · 별을 보며 · 중에서

별을 보며

어느 날 빼낼 엄두도 낼 수 없을 만큼
가슴에 깊게 박혀 버린 못

빼내면 덧날 상처 진저리 칠 아픔에
지레 겁을 먹어 다독거리며
제 살로 잔물지길 바랐는데
생을 이어주지도 못하더라

자잘하게 새로운 상처를 남기며
농 잡혀 줄곧 일어서기만 하는
녹슬어 버린 못은 빼내 버려야지
빠진 자리에 속절없는 바람이 들이쳐
엉뚱한 길을 내든
메워지지 않아 휑하니 뚫려
그 속을 다 내 보이든
빼낼 수 있는 연장을 다 들여서라도
속 시원히 빼내 버려야지

지울 수 없는 커다란 상처로 남아
분주한 낮엔 잠잠하다가
어둠 짙게 내린 밤 사그라지지 않는
별로 떠 욱신거리게 되면
좌복에 앉아 반갑다 인사를 건네고
도란도란 얘기나 나누어야지

봉숭아

겨우내 잠들었던 산등성 척박한 땅에
재넘이가 달려들면 가슴이 펴진다

추적추적 볼품없이 내렸던 봄비도
꽃등을 매다는데
인적 없는 집 마당에 어지러이 핀 꽃들도
지나가는 벌 나비를 부르고
한 철을 다 지새운 목어가 숨 넘기며
비늘을 털어내고 있는데
내내 기다리는 님은 감감하기만

겨울 끝자락부터 설레었던 가슴이
가문 땅처럼 갈리지고
짠물 배인 나무가 초록 빗물에 씻겨 갈 때쯤
세상에 하나뿐인 엄마의 뜰에
소복이 피어나 붉게 드리워진 그 님을 만나

피안의 거처를 등에 진
어미의 눈 속에 담긴 염려를
애써 웃음으로 가리고
소담하게 담아낸 꽃잎이
어미의 손톱 위에서
영원의 그림자로 피어나길
무명실 염원으로 묶는다

내가 만일

내가 만일 나무의 모습이라면
사람 내음 가득한 도시와 인접한 산의
허리 굽어진 노송이었으면 좋았겠다

그랬다면
어린아이의 호기가 내 등을 올라타고
세상을 내려다보며
벅차오르는 가슴의 울렁거림 들을
경이로 빛나는 눈망울들을
언제나 기억할 수 있었을 텐데

그런 노송의 모습이었더라면
사람의 아름다움에
절로 미소 지을 수 있는
따스한 가슴을 지닐 수 있었겠다

내가 만일 바위의 모습이었다면
하.. 세월 거침의 손을 겪은
너럭바위였으면 좋았겠다

그랬다면
세찬 비바람에도 당당히 맞설 수 있는 용기로
뒤에 숨어든 여린 손들의 바람막이가 되고
세파에 지치고 피곤한 걸음

어루만져 줄 수 있는
편안한 쉼터가 될 수 있었을 텐데

그런 바위의 모습이었더라면
세상의 가장 가까운 벗으로
사람들의 모든 얘기 짊어질 수 있는
든든한 어깨를 지닐 수 있었겠다

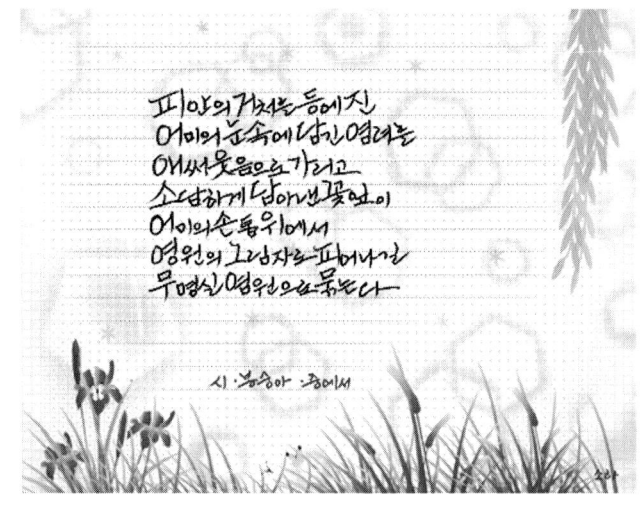

그림자 걷기

꽃 이름을 부르면
벌 나비가 따라오고
나무 이름을 부르면
동고동락하는 까치며
겨우살이가 줄을 잇고
아이의 이름을 부르면
세 사람이 대답하곤 하는데

당신은
어느 이름에 반응하며
삶을 매번 동여매며 살았을까

어미 잡아먹었다는 소리에 짓눌리고
곡절 많은 아는 집 눈칫밥은
제대로 목 넘김이나 했을까 싶은데
입 짧다는 타박이 먼저였다지

당신의 그늘을 밟았다는 걸 알았을 때
그 생 안에 부는 모진 바람 한 편에라도
방풍 나무로 서고 싶었네
열 살배기 계집아이가 뭘 알았을까만
그 생이 서럽고 가여워
맑은 가을 하늘에 눈물 한 줄 뿌렸었네

당신의 열 살이 나는,
지금도 몹시 서러워
그날 만난 가을 하늘 보며
그리 또 울고 싶은 까닭에
애먼 봄 하늘만 바라보네

■ 진달래가 피면 엄니와 저는 10kg 부대 자루를 옆에 끼고 진달래 꽃술을 담그기 위해 진달래 따러 진달래가 흐드러지게 피어 온통 진달래색으로 물든 앞 산으로 향하곤 했어요.

  그때의 영향으로 입춘 냉이가 모습을 드러내도 매화가 피고 벚꽃이 펴도.... 봄이라 느끼질 못하고 진달래가 흐드러질 때가 되어서야 봄이 왔구나 합니다.

  이제 제게 봄이 왔네요.

매미 우는 소리에

하늘을 인 나무는 버려두고
방충망을 부여잡은 매미의
애달픈 사연에
어미의 마음도 애달아진다

한여름 불볕에
열사병으로 사경을 헤매던 세 살배기는
숨을 놓았었다
식어가는 아이를 끌어안고
절망으로 몸부림칠 때
염원의 바람이 하늘에 닿아
쏙쏘리바람 소리로 숨 탄 아이는
여름만 되면 열병을 앓곤 한다

매미 울음이 점점 거세어질수록
어미 마음에서도 거센 바람이 일어
침해를 앓는 중에도
만만한 전화기를 붙들고 애끓는 마음을 담으면
수십 년 감옥에서 무겁게 허덕거리던
생의 추가 제자릴 찾으며
싸한 가슴을 어루만진다

마음 씻어주던
세찬비 잦아들면
부딪는 양철지붕소리
지나는 임인양
꿈속에 들어와
거닐고 있다

시 · 비가 내리면 · 공에서

비가 내리면

세상 잠든 밤에
비가 내리면
빗소리에
선잠 깬 마음 부스스 일어나
창턱 넘어 임 마중 나가네

마음 씻어 주던
세찬 비 잦아들면
부딪는 양철지붕 소리
지나는 임인 양
꿈속에 들어와 거니네

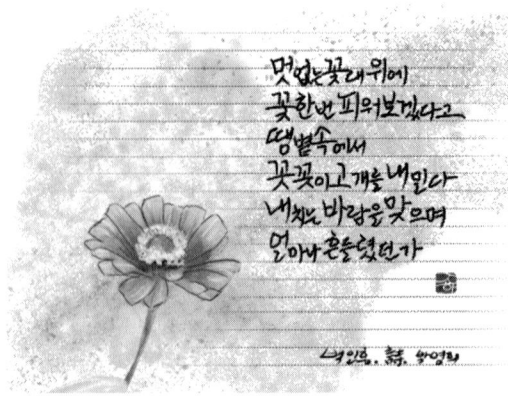

달맞이꽃

저 홀로
이별하고
달뜨는 강가에서

지난한
시간 동안
피워 낸 마음 등

앙상한 뼈마디 열고
바람 지며 노니네

폭염 경보

수줍음 타는 새악시 마냥 남몰래 사랑을 한 무화과가
남의 집 담장 안에서 찜질을 감수할 즘
- 35도 이상. 외출 자제. 충분한 수분 섭취 - 라는
안내 문구가 연일 수차례 뜨며 경보음을 낸다

회색에 부딪는 햇살이 눈부신 만큼
가늠할 수 없는 사물들이 시야에 들어올 새도 없이
신기루를 앞세운 현기증이 마구잡이로 일어나
움씰거리는 발목을 낚아챈다

지척의 열사병에 눈 흘김도 잠시
흐느적거리기라도 해야 살 수 있다는
가로수의 몸살을
제 몸 그슬리며 키를 줄여가던
그림자가 받아 들고

4층 창을 가뿐히 범람한 신작로 열기에
무심한 소릴 내며 돌아가는
오래된 선풍기도 덩달아
연신 단내 나는 바람을 뱉어내고
반듯반듯해야 할 것들도 풀어져
일상마저 흐지부지 맥을 놓는다

며칠 지나면

여름 끝물에 다가설 텐데
번조하게 사는 사람들 입에
오르내리느라
여름의 상처는 얼없이 깊어만 간다

그러할 때면

마음에 헛바람 가득 차면
외딴집 끼고 서 있는
배롱나무 그늘 아래로 가
수다스럽게 얘기를 나눠보자

잡을 수 없어
무심히 떠나보내야 했던 별리를
꽃잎 골에 풀어놓다 보면
시름 가두고 웃음 짓는 붉은 이파리들의
환한 떨림을 보게 될지도 모르는 일

누군가 몹시 그리울 때면
가깝지도 멀지도 않은 곳에서
튼 껍질을 안고 뜨겁게 살아내는
배롱나무를 안아보자

곁에 있으리라던 착각이 미련을 달면
긴 나날 수 없는 꽃들이 피고 지며
무성하게 펼쳐진 초록을 지우고
영원의 숲까지 붉게 물들이고 있는
기다림을 담담히 보게 될지도 모르는 일

솔솔히 흘렸던
눈물 사이로
그대가 차츰
스며들어와
자리를 넓히며
모난 틈새를 메꾸느라
파랗게 질린 걸 보면서도

이 가슴은 얼마나
다행이었는지요

시 · 바위가 이끼에게 · 중에서

바위가 이끼에게

나이를 잊은 지 오래되었습니다
세세하게 다가왔던 갈증의 시간들을
견디며 온 것 같기는 한데
금방이었는지 저 앞이었는지
구분이 가질 않습니다

온통 침해 투성인 곳에서
그래도 살아보겠다고
씩씩한 척 굳건한 말을
용기 있는 웃음을 보이곤 했는데
그리도 아파 허망했었는지요

쓸쓸히 흘렸던 눈물 사이로
그대가 차츰 스며들어 와
자리를 넓히며 모난 틈새를 메꾸느라
파랗게 질린 걸 보면서도
이 가슴은 얼마나 다행이었는지요

물매화

마음이 쌓아지면
탑이 되고
꽃이 되기도 하는데

수만 번 내려앉은
심장은
무엇이 될거나

비바람 치는 벼랑 끝
깊은 산 고요 속에서
흔들리며 노닐지라도

흐르는 물가에서
촛불 켜고 있는
한 떨기 꽃이어도 좋으리

여우비

해거름이 되도록
장 보러 간 어미는 돌아오지를 않고
검기울어 가는 하늘을 보던 아이는
하늘과 한 치라도 가까울 장독대에 올라
구름 사이 빼꼼히 내민 햇살을 보며
그늘진 마음 위안 삼아 보지만

후드득, 쏴아아 아,
아랑곳없이 쏟아진 비에
큰 우산 안고 신작로를 내달렸는데
뜀박질 무색하게 그새 개인 햇발 아래
말간 웃음 띤 어미
솔버덩 사이에서 오시네

풀잎이 풀 섶이 되듯이

이슬이 주는 상처도 품고 자란 풀잎은
모두의 허물을 덮을 만큼
따스한 풀 섶이 되어간다

그늘진 어둠을 먹고 자란 상처가
새살 돋는 아픔을 건너
당당한 흉터로 남아 가슴을 펴듯이

고치를 깨고 비상하는 나비를 담았던
텅 빈 마음이 그러했듯
날마다 체기를 동반하고 살았던
응어리진 마음도
푸른 멍울 썰물로 씻겨가는 바다를 키웠다

귀먹고 눈멀며 보낸 세상에서
벼리고 쌓아놓았던 돌들을 허무는 밤이 오면
허풍으로 떠들던 허한 마음도
늘 하던 이별도 허물처럼 벗어던지고
풀잎이 풀 섶으로 서듯
밤하늘 수놓는 이름 없는 잔별로 서리라

4부. 바지랑대의 하루

- 다 그러고 산데

- 정말...?

- 응.

- 웃기다.
어떻게 그런 말을 할 수 있지?

- 응? 왜? 뭐가......?

- 그렇잖아.
그건 나처럼 산다는 말이잖아.
어떻게 나처럼 살자는 말을
아무렇지 않게 버젓이 할 수 있지?

난....
그런 말 못해.

그래서
온갖 말을 하고 살아도
하지 않고 사는 말 중
하나

다 그러고 살아.

- 4부 테마, 가을

가을이 쓰러진다

가까운 거리에 있었지만
멀게 느껴질 때가 많았습니다
손을 내밀지 못한 이유가 되었지요
풍성하게 뻗은 나뭇가지를
허천난 볕살이 쏘다니며 알록달록
무두질하는 것도 그냥 바라보았지요

먼 먼 날
산비탈을 지나 새밭에 불던
바람을 묶어 두고
그대가 보낸 편지인 양
품속에 넣어두었기에
유난한 더위에
나날이 깎여가던 인내심도
본체만체했었지요

가실에 납치당해 끌려가는
그대를 보고서야 늦음을 알아챈
어리석음은
애먼 가슴만 쥐어뜯다
차마 고개 들지 못하고
지는 그림자에 숨어들기 바쁩니다

바람의 변명

잡히지도
머물지도 않는다 말하지만
잡히거나 머무는 일을
내 어찌 바라지 않겠습니까

여기저기
아무렇게나 다닌다고 말하지만
좋고 싫은 길 분명 있다손 쳐도
때마다 가야 하는 길이 다르니 어쩌겠습니까

난폭한 모습에
간혹 비난을 듣기도 하지만
자연의 섭리에 순응해야 할 사정인 것을
어쩌지 못하기는 하나

그대 앞에서는
부추기는 심장의 말을 듣고
새로운 설렘으로
늘 갈바람으로 서고 싶은 마음
나락에 든 숨일지라도
버리지 못하겠습니다

코스모스

흩어질
꽃잎을 보며
서러워 말아요

물푸레나무의 꿈이
꿈의 주인들이
여덟 품 안에서
무한을 거닐었으니

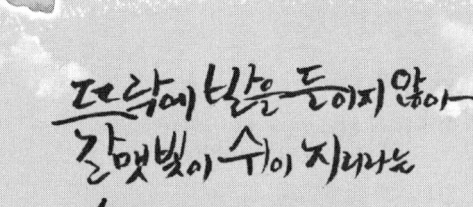

뜨락에 밤을 들이지 않아
갈맷빛이 쉬이 지려는
생각도
미처 하지 않았는데

마섭결 넘어 사무 조여든
볕에
타력태력한 새도 없이
그대는 벌써 아래
기다리고 있군요

시 · 단풍 중에서

단풍

흔히들
꽃은 바람으로 핀다 해서
그런가 합니다

저무는 시간
온 시울을 적시고 한 잎 날개로 피어나
꽃불을 달게 한 손을 보았어도

뜨락에 발을 들이지 않아
갈맷빛이 쉬이 지리라는 생각도
미처 하지 않았는데

미심결 넘어 사뭇 조여든 볕에
티격태격할 새도 없이
그대는 벌써 익어 기다리고 있군요

가을 몸살

아무것도 없을 아등그러진 몸으로
누군가의 손을 잡아줄 수 있기를 바라는
그런 가여운 마음을 품다니

어디서 비롯되어 흘러 흘러 들어와
버석버석 흩어지고 있는 가슴에
움을 틔우고 불씨를 내린 이 마음은

연약한 잎새처럼 떠다니다가
아름답지만 가혹한 계절을 넘어
목마른 누군가에게 내려앉는 것일지도.

갈대

언제였는지는 모릅니다
오래전..... 그래요
무척, 아주, 까마득한..
이런 말들을 앞자리에 놓을 정도의
오래전이었다는 것만 기억합니다

그대를 닮고 싶었는지 속을 비우고
마디를 드러내기는 했는데
숲속을 거니는 바람을 담지 못하고
들판에 서서 바람을 맞았습니다

눈을 들어도 바라볼 수 없는 먼 그대였기에
물 안만 들여보다 머리가 하얗게 샌 줄도 몰랐습니다

이 가을,
부끄러운 줄도 모르고 손을 뻗고 있는
덩굴달에게 핀잔을 주었지만
마냥 부러워진 가슴은
울컥울컥 안개들을 쏟아내 눈을 흐리고
우울하고 공허한 연기를 두른 멍 자국들이
심장 위를 걸어 다니면 하얀 머리 풀고
그때처럼 살풀이를 합니다

깊고 깊게 새겨지기 전에.

해바라기

바라고 바라고 바란다고
될 일이 아니란 걸 알았어요

숨고 숨고 또 숨어보아도
들킬 걸 뻔히 알았었고

피하고 피하고 피해 보아도
벗어나지 못한다는 걸 알았지만
그대 품에서 달아나고 싶었어요

지고 지는 한낮의 뜨거움도
푸른 밤 짙은 칠흑을 두른 사위도
불태워 버리는 보답 없는 마음

비쩍 말라 눈동자만 살아 숨 쉬는
외사랑 앓는 서러운 그대를
이제 봅니다

품이 작아 팔을 벌리진 못합니다

누웠던 솜털 한 올까지 다 일으켜
키 작은 해바라기 되어
그대, 낮달로 뜬다 해도
들어진 시선 거두지 않겠습니다

내 안의 안부

앞만 보고 달리다 까슬해진 가슴에서
떠나버린 글자들의 안부를 묻는
누레진 노트의 입김은 따스하다

떠나가는 철새들 뒤로 남겨진 검불들이
새롭게 차오르는 달의 그림자임을
어찌 알았을까

찢어져 너덜거렸던 가슴의 애틋한 별리도
알싸한 아픔을 전했던 그리움도
인연이 가졌던 노래도
다 놓쳐버린 시간의 등 뒤에선
갈피에 꽂아 두었던 잎새들만이
소리 높여 별을 깨운다

낙엽 밟는 소리 다 끝나갈 무렵
풀벌레 울음도 어두운 발밑으로 사라진 후 찾아오는
철새들의 날갯짓 소리에
지금의 안부를 기억하는
따스한 내가 있었으면

감나무의 감도
밤나무의 밤도
대추나무의 대추도
없으면
지게 작대기라도
쓰일까
긴긴밤
지새울 시간이
걱정이다

시 · 바지랑대의 하루 · 중에서

바지랑대의 하루

가을 끝자락
하릴없이 한쪽 귀퉁이를 차지한 채
천연색 그림의 무채색 배경이 되어
하루 종일 기다리는 일에
이골이 날 지경이다

무게에 짓눌려 휠까
빳빳이 고개 들고 버티던 한 때
바람에 휩쓸려 넘어질까
무등 타듯 중심 잡던 한 때가
기울기 없는 꿈을 꾸게 하는데

감나무의 감도
밤나무의 밤도
대추나무의 대추도 없으면
지게 작대기로라도 쓰일까
긴긴밤 지새울 시간이 걱정이다

해였는지 낯달이였는지

미세 먼지 탓이었다

괴괴하여 맞닥트린
커다란 얼굴을 보았을 뿐이고
꽃물을 떠먹다 문득 했을 뿐이다

미적거리는 굼뜬 모양새에
갸웃했을 뿐이다
이카로스를 잠시 잊었을 뿐이고
아슴아슴한 어둑시니에 몸서리쳤을 뿐이다
성급하게 드러난 뾰루지에
비지락질 했을 뿐이다

갈대의 머리채를 흔들었을 뿐이다
베인 손에 가슴이 꾸욱 메었을 뿐이다
흐놀다 눈가에 맺혔던 것을
떨어트렸을 뿐이다

- 괴괴하다 : 쓸쓸할 정도로 아주 고요하고 잠잠하다.
- 꽃물 : 곰국이나 설렁탕 등의 진한 국물
- 아슴아슴한 : 또렷이 보이거나 들리지 않고 희미한
- 어둑시니 : 어둠의 귀신
- 흐놀다 : 몹시 그리워하다

그런 것

새로 산 운동화를 신고
아스팔트 위를
걷는 기분

안개 자욱한 숲에서
여명을 지운
햇발과 마주 서는 것

뜬눈 새기를 하고 쪽잠 안에서
창밖에서 아슴푸레 들려오는
아이들 학교 가는 소리

코스모스 위의 가을 하늘
덩굴달 뿌리 아래의 모래
온 산을 두른 구불구불한 길

그리고
너에게 얻어먹는
자판기 커피

내가
좋아하는 건
주로 그런 것.

노각

이파리는 언제
청춘이었는지 모를
계절에 던져 주고

몸이 말라 가는 것을
지켜보느라 속이
바짝 탔을 법도 한데

말랑한 속을 품느라
쩍쩍 갈라지는 몸을
마른 볕에 다 내어준 것은

뒤틀리고 굽은 허리가
지난한 세월을 견디며
생을 끌어안은 흔적

담쟁이

조금만
조금 만 더
뻗으면 닿아질까

탈골 된 어깨 위로
찬 서리 내리누나

덧없이 야위어 버린
이내 인연 섧구나

적막한 햇살 뒤에
숨어있던 기다림이
마음 속에 엉겨들고
가슴 앞섶에 매달려
색색의 터늘 잡고
앞다퉈 일어서고 있는
그리움

한 올 두올 풀어두어도
괜찮을
그런
가을을 본다

시 · 가을 단상 · 중에서

가을 단상

시간을 잃어버린 길 위에 서서
하늘을 향해 휘돌아 올라가는
뽀얀 먼지 안에서 가을을 본다

푸른 물 짙게 번져가는 하늘가에는
지난 더위에 지쳤던 하얀 구름,
몸살을 앓다 돌아누운 세월이
한숨 돌리며 쉬고 있는 가을을 본다

옷깃 여미는 무성한 바람 움 안에서
수줍게 몸단장을 끝낸 이파리들이
잡아 둔 가을을 본다

적막한 햇살 뒤에 숨어 있던 기다림이
마음 줄에 어깨를 걸고
앞섶에 매달려 색색의 터를 잡고
앞다투며 일어서고 있는
그리움
한 올 두 올 풀어도 괜찮을
그런 가을을 본다

해바라기 연가

다 잊었다 하는 말 무색하게
꽃으로 피더랍니다

아니라고 열심히 고개를 저으며
하늘만 바라보던 까맣게 그을린 속이
속절없이 드러나 버리고

제자리였어도 충분한 걸
저릿한 가슴이 낯빛만 보면 따라가
살별로 뜨더니

내내 바라볼 수 있었건만
숫기 없어 숨어들다
외로운 여우별로 뜨기도 하더랍니다

한 생이 다 지나고
내세(來世)가 있다면 그땐,
그대가 나를 따라 도는
붙박이별로 뜨렵니다

고향

찬바람머리에
철로가 길게 늘어져 있는
개울가 자갈밭에 바람이 속살댄다

물비늘 가득 채우고
이제는 오지 않을 사람을 기다리는
돌개울의 여울진 몸짓은 허허롭고

산허리 중턱에 노랗던 노을이 검붉게 내려앉으면
뚝 떨어질 밤이슬의 공허를 맞이해야 할
비탈진 언덕 위에 소롯이 핀 한 송이 구절초가
서러운 꽃잎을 접느라 몸서리친다

무거운 걸음을 이끌고 사립문을 닫는
엄마의 한숨 소리 잦아들면
펌프장 옆에 우두커니 서 있는 분꽃들 사이로
분주했던 숨탄것들의 아우성도 잦아들고

검기우는 엄마의 텃밭은
달의 여백을 담아낼 틈을 헤집느라 바쁘다

그때, 가을

타닥,
들깨를 털다가 엇나가는 손길이
설움을 얹어 놓았던 가을이었다

바 사사사 삭... 차 차차차 착...
익지 않은 소리에 눈물을 지우며
조심조심 들려진 깻단 아래
새파란 꼬두람이 살모사 한 마리
뱁새눈을 뜨고 오들오들 꼬리를 치켜세우며
외로운 똬리를 틀던 가을이었다

손이 들지 않는 외딴곳도 아닌데
새까맣게 그을린 속살이 부끄럽지도 않은지
앞섶을 풀어 헤치고 구름발치를 보는 해바라기만
옆을 지켰던 가을이었다

볕 좋고 바람 불 때 털어야 고소해질 텐데
수건 꾹꾹 누르며 힘없이 허리를 꺾어 들던 때
재 넘어 쯤 임 온다는 소식에
바알갛게 타오르는 분홍빛 뺨 감추며
눈물 콧물 찍던 마음 부끄러워
가슴만 콩콩 두근거렸던 가을이었다

• 꼬두람이 : 맨 끝 또는 막내

우두커니

가을에 스며들다
에인 별리에 맥 놓아버린
상처 난 붉음 들을 안은
별의 향은 짙어
코 끝이 아리다

겨울 틈 저편으로
흔적 없이 사라진 명줄
밟을 때마다 서물거려
모질게 생각날지라도
비문(祕文) 하나 남겨둘 것을

기다림

멀고 먼 너에게
이 마음 닿길 바라
한없는 가슴을 열어젖히고
주파수 맞추느라
지는 샛별의 눈물을 외면했다

비탈진 가슴을 어루만져 주었던
손길을 잊지 못해
육신의 빗장을 여는 밤
비어있는 가슴을 채워준
깃털의 비애를 외면했다

기억의 간이역에 푯말을 세우고
천지사방엔 설렁줄을 걸어놓고
자박자박 내게로 걸어올 너를 위해
뭇별들이 심어 놓은
바람의 약속도 외면했다

가없는 세월의 눈물이 농익어간다

• 설렁줄 – 사람을 부를 때, 잡아당기면 소리를
　　　　　내는 방울인 설렁을 흔들어 울리기
　　　　　위하여 잡아당기는 줄.

글에서는
반대의 의미로 오는 이의 자취를 알 수 있도록
설렁을 달아 사방에 둥그렇게 쳐 놓은 줄로 사용됨.

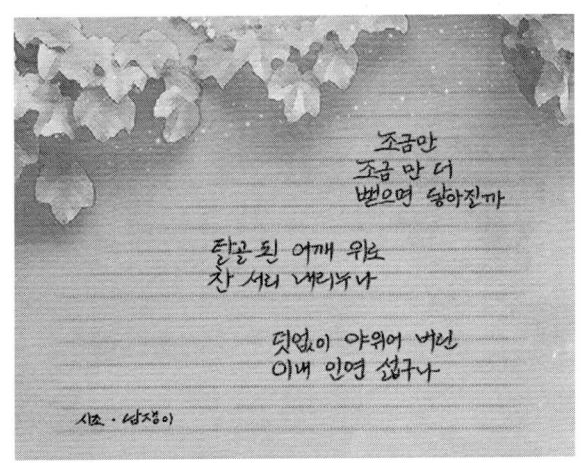

가을에게

열구름 사이로 햇살이 보이면
눈 맞춤하며 나무에게 말을 건넨다
너무 많은 잎을 가져다 써서
미안하다고

무심한 바람이 보꾹을 지나쳐 갈 때면
새밭에 나가 고개 숙여 인사를 한다
너무 많은 모습을 가져다 써서
고맙다고

- 열구름 : 지나가는 구름
- 보꾹 : 지붕의 안쪽. 처마 안쪽
- 새밭 : 억새가 무성한 밭

5부. 흩어질 이름에게

괜찮아
머리 한 번 쓱쓱

머뭇한 실수도
괜찮아 잘했어
머리 한 번 쓱쓱

너를
바라보고 돌보는
시간이 많아져
좋잖아

마음을 잠그는 일
그리 나쁘지 않다고 생각해
빗장 열려했던 애가 닳아
모질게 헐벗없으니

어찌해도
달랠 수 없는 건
까맣게 그을린 채로
그냥 놔둬도 돼

괜찮아
너를 응원 해

― 5부 테마, 겨울

겨울비 (1)

1.
지붕 위를 걷는 춤꾼들의 소리
유리창에 닿는 하얀 점들이
마음으로 스며들어와
차갑게 얼룩진 서리꽃을 피워낸다

텅 빈 거리 너머
빗줄기의 메아리를 바라보다
시선을 옭아맨 사선의 난무에
실어진 마음 하나

주울까 버릴까 망설이는 새
찬바람마저 끌어들인 처마가
투명한 곡두를 달고
고개를 들이민다

2.
겨울에 비가 내리는 날은
사신이 춤추는 날이란다

미신 같은 말이 우스워
귓등으로 흘려듣고
염두에 두지 않고 잊어버린 말

흩뿌리는 비 대수롭지 않게
쫄랑쫄랑 맞고 다니다
감기를 품 안에 달았다

깔깔깔
눈꼬리 살짝 올리며 그녀가 웃는다

- 봐라. 내 말이 맞제.
니는 사신이 달고 다니는
애기 꼬리와 입맞춤 한기라.
고만하길 다행으로 알그라 -

어이가 없다
겨울비 보슬보슬 내리던 날
경각심 없이 디니다 얻은 감기일 뿐인데
그녀의 입에선
판타지 소설이 줄줄 이어지고
언젠가 TV를 달구었던
도깨비 같은 동화가 쏟아진다

덕분에 뜨거운 열기 속에서도
마냥 웃는 아침이다

• 곡두 : 실제로는 눈앞에 없는 사람이나
         물건이 마치 있는 것처럼 보이다가
         사라져 버리는 현상

첫눈

첫눈은 이미 지나가 버렸는데
어느 골에 매화가 벌써 피었다는
소식을 전해 들으며
이른 잎을 돋은 개나리를 스리슬쩍 넘겨 보다
몇 부대의 진달래를 장 항아리에 켜켜이 쌓으며
벚나무가 꽃비로 탈탈 털릴 적에

아른거리는 첫눈을 기다립니다

가슴을 열어젖히고 짙푸른 소망을 담는
구상나무의 행진을 보며
널브러진 은행잎을 세며 밟고 가는
아이의 께끼발을 보며
높은 구름 허위단심 흘러가는
하늘 틈 사이로

아슴푸레한 첫눈을 기다립니다

어느 때 어디엔들 눈이 내리면
말갛게 들뜬 목소리가
시공을 빠르게 접고 달려듭니다

- 여기 첫눈이 내려요
  거기도 내리나요? -

매양 첫눈이라는 유별난 소식을
특급으로 받는 한 여인네는
삼복을 누를 심산도 아니면서
여전히 생게망게 기다리고 있습니다

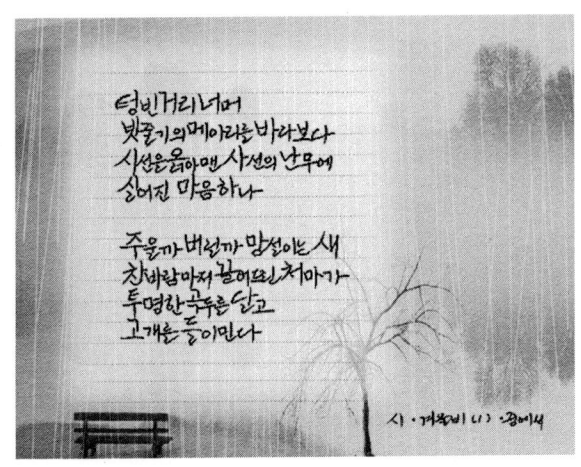

서리꽃

훈김으로 맺힌 그 날이
자분자분 일어선다

태고의 빛이 닿아
산산이 오르는 길
바람만바람만.

- 바람만바람만 -
  바라보일 만한 정도로 뒤에 멀찍이 서서
  따라가는 모양.

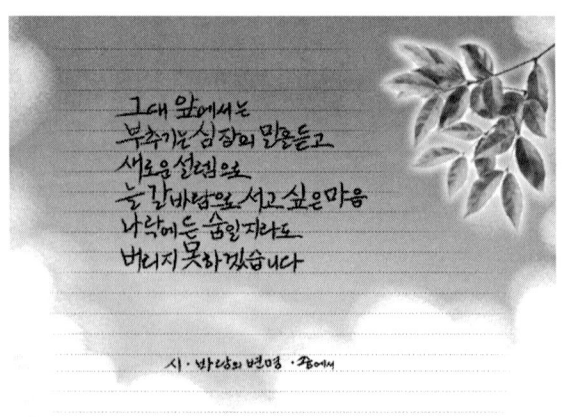

첫 부음에 낯별이 뜬것도
낯별이 뜬것도 모자라
천재지변을 동반한 하늘이
함께 했었다며
늘 웃스개로
지껏듯하는
맘 사이로

단단히 쏘게박인
낯날이
흘러가고 있다

시 · 첫 흔(日) · 곰여서

첫 눈(目)

그날은
찰나에 흩어지는 손 틈 사이의 모래가
황야에서 불타오르다
급작스런 비에 잔잔해진 날이었다가
서늘하고 시원스레 웃는 소리에
심장이 와글거린 날이기도 했다

어린 치기로 똘똘 뭉쳐 있던 모든 날엔
인생을 송두리째 뒤엎는
나만의 참별을 만나는 일인데
그만한 울림 정도는 있어 줘야 한다며
떠벌린 흔적들 여태 고스란히 남아있는데

첫 부름에 낮별이 뜬 것도 모자라
천재지변을 동반한 하늘이
함께했었다며
늘 우스개로 지나듯 하는 말 사이로

단단히 쐐기 박인 나날이 흘러가고 있다

감기를 앓는 이유

내 안에 불순물이 가득 차면
내 몸은 어느 계절을 막론하고
밀어내기 한 판 승부를 벌인다

곪아 있는 뼈 마디마디
오장육부 구석구석에서
열과 성을 다해 박박 긁어내는
범접하지 못할 무소불위 힘에 눌린 몸은
허기 가득한 물을 뿜다가
질척한 속내의 물이란 물은
다 쏟아내야 한다

사랑의 열병이 이보다 더 뜨거울까
며칠 사경을 헤매듯 푹 젖고 나면
맑은 물 찰랑대는 소리가 들리고
새살 돋는 기쁨을 고마워할 사이도 없이
떠나버린 사랑에 휘청거리는 무릎 위로
아득한 별이 뜨고

열기 꽃 폈던 가슴을 잠재우려
마셔보는 미지근한 물이
평행선조차 허락지 않는 사랑이라고
혓바늘 돋은 입안을 아프게 건드리며
쓰디쓴 목 넘김을 한다

선물

고이 접어갔던 그대의 손길을
차마 뜯어내지 못하겠습니다

차라리 내게 준 선물인 양
어설퍼 손 내밀지 못했던
내 사랑처럼 받겠습니다

고샅길에 흩뿌려진 나의 눈물을
그대는 보지도 알지도 못하겠지만
숱하게 쌓아놓기만 했던 사금파리들을
풍등에 달아 하늘로 떠나보냅니다

끝이 보이지 않는 에움길 위에
홀로 이별한 마음 닮은
진눈깨비가 진득하게 내립니다

뜨겁게 두근거리며 오갔던 추억들을
하나 둘 지워가고 있습니다

생의 자락

여러 겹의 옷을 헤치고 닿는 바람이
시리고 시리다

시린 그것은........
흔들리는 마음
나 자신이 만든 굴레
내가 만든 아픔이며 고통이다
끝없는 긴 여로에
내 허울을 뒤집어쓰고 가는 슬픔이다

지우지도 외면하지도 못하고
애쓰는 몸짓 허허롭게
잊히지 않고 넋에 남아있을
내 생의 한 자락에

버려진 듯 잊힌 듯
내 마음 보이지 않는 한 귀퉁이에 살며
수줍은 아이처럼 홍조 띤 얼굴을 하고
선뜻 다가오지 못하고 서 있는 그 마음에
호호 불어 따스한 손 내밀어 보는
옷깃 여미는 새벽 아침

사랑, 오롯이 사랑

모든
보이는 것
마주한 것들에
미안하다

하잘 것 없다
치부했던 순간들에
쓸쓸한 등에
미안하다

애면글면 품고
고개 들지 못했던
붉어진 얼굴에
미안하다

스치듯 사라진 시간들
팽이잠 꿈속을 헤매던
어느 것 하나
시 아닌 것 없었듯

끼적거린 한 마디조차 사랑,
오롯한 사랑이었음을
더 이상
부인하지 못하리

그저 그먼곳에서라도
눈 드면
등대처럼 보일수있도록
환하게드리운채
지지않은
가슴등 하나
매달아놓겠습니다

시 · 흘러갈 아픔에게 · 궁예선

흩어질 이름에게

가슴에 백열등 하나 켜 놓습니다

바람에 흔들려 사위어 가는 떨림을 보며
안타까워 견디기 힘든 마음에
제 몸을 태우고 빛으로 남을 자신이 없어
촛불을 켜진 못합니다

부르다 지친이여
그대의 염원이
눈물로 떨어진 탑을 보며
씻어 주고 허물어 주고 싶은
간절한 마음 하늘에 닿아 있지만
그대 마음에 행사할 권리가
남아 있지 않음에

그저 그 먼 곳에서라도 등대처럼
눈 들면 보일 수 있도록
환하게 드리운 채 지지 않을
가슴 등 하나 매달아 놓습니다

겨울비 (2)

찬바람을 품으며 솜털을 골라야 했던
새들의 어깨 위로
한량없이 스며드는 고독과 맞서던 가지 위로
지천을 뒹굴며 몸부림치던 낙엽 위로
안식의 숨이 내려앉는다

아픔이 지나쳐 통각까지 마모된 채
종일 바람으로 서 있을 그대
가만가만 토닥이는 숨결에
멈춰진 시선을 거두고
흔들리는 꽃으로 피어나라

가랑거리는 숙명 앞에 보란 듯 일어나
찰지고 처절하게 살아온 만큼
여울지는 바람을 잡고
선뜩선뜩 일어서는 떨림들과
깊게 닿아 보아라

나는 질퍽이는 가슴 고이 여미고
그대가
동심원을 가로질러 당당하게 걸어와
내게 손 내미는 순간을
기다리고 있겠으니.

꿈처럼 바람처럼

내 안엔 없는 것이 없어요

어느 날엔 섬을 걷다가
어느 날엔
너울처럼 춤을 추기도 했어요

쓸데없는 환상과 생각도 가득해
길냥이를 만나면
아홉 개 목숨 중에
몇 번째 목숨을 살고 있는지 묻고 싶어지고
호랑가시나무를 만나면
그 품은 넉넉한지
묻고 싶어지는 길을 걷기도 해요

마침 좋은 계절이 오네요
이번엔 그대의 하늘과 이어질
시간의 안내를 받았으면 좋겠어요
내 안의 무수한 하늘을 날고 날아
그대의 야윈 손 한 번쯤은
잡아봐야지요

내 안에 있는 것 중
하늘은
늘 멀어 보기만 하는 걸요

한겨울 찾아낸
불타붉은 단풍잎 한 장
무릎걸음 두발짝 앞에
소롯이 놓고 가는
사乙ㅏ

그 사람,
하룻밤사이
이웃친답은 이고
햇발처럼 내게
걸어오고 있다

시 · 그런 사람 · 중에서

그런 사람

자신의 길을 저만치 놓아두고
애먼 길만 기웃거리는 사람

소리 내 울지 않는 나를 보며
비 오는 날 천둥에게
자리를 내어 주는 사람

보내지도 못했으면서
부르지도 않는 나를 보며
지나는 소슬바람에도 울릴 풍경을
우듬지까지 달아 놓는 사람

생각의 텃밭만 넓어 푸서리진 채
굳게 다문 입술은 열리질 않고
밤하늘 잔별들과는 노닐면서
팔초한 얼굴로 꿈꾸지 않는 나를 보며

한겨울 찾아낸 붉디붉은 단풍잎 한 장
무릎걸음 두 발짝 앞에
소롯이 놓고 가는 사람

그 사람, 하룻밤 사이
이우는 흰 달을 머리에 이고
햇발처럼 걸어오고 있다

거리

멀리... 멀리 떠나왔다고
나...... 그렇게 알았었지
너 있는 그곳에서
나 있는 여기까지
먼 길인 줄 알았었지

언제나 등 뒤 그리움으로
뚜렷이 서 있는
너 있는 그곳이
나 있는 여기에서
아주 먼 곳인 줄로만
알았었지

백일해

대수롭지 않아 했다

그칠 듯 그칠 듯
끊어질 듯 끊어질 듯
열 없었기에
젖을 줄 몰랐었다

개밥바라기가 뜨면
목 언저리를 옥죄며
가슴에 꽂힐
다발성 피침을 예고하더니

지새는달이 낯을 가릴 때까지
실핏줄을 터트리며
피 맛 속에 길을 내곤 했다
지독하고도 지독하게

• 개밥바라기 : 저녁에 서쪽 하늘에 보이는
              '금성'을 달리 이르는 말
• 지새는달 : 먼동이 튼 뒤 서쪽 하늘에 보이는 달

약봉지를 자르며

몸이 마음을 지배하는 날에는
맥없는 슬픔에 젖어든다

보이는 것들이 많아져
할 일도 많아지는데
안으로만 움츠러든 시큰한 손을 쥐어 보다
움직일 생각 않는 저릿한 다리를 원망하다
어디까지 왔을까 한다

높지 않은 문턱 너머에서
굳이 보러 들지 않아도
눈앞으로 어른어른 다가와
지긋이 바라보고 있는 것과
입맞춤할 시간이
그리 멀지 않았음을 느낀다

무력한 피돌기들을 세우기 위한
가위질에 힘을 쏟아부으며
가무슬래한 식은땀이 장악한 파리해진 얼굴을 보며
쉰 웃음을 짓는데 차라리
하얀 고통에 일그러진 얼굴이
뜨거운 혈관을 살리려 몸부림치는
지금을 살아가는 모습이라 하겠다

그런 순간이 있다

전깃줄에 매달린 빗방울처럼
스스로 등불 하나 걸지 못하고
굵은 줄 하나에 의지해야 하는
그런 순간이 있다

뼈와 살을 나눈 사이에서도
바스러진 허공을 느껴야 하고
버긋한 바닥을 잇지 못하고
벙어리 마냥 널 뛰는 가슴만
부여안아야 하는
그런 순간이 있다

오선지에서 내려온 음표들이
바람 따라 색을 걸러낸 이파리들이
데인 산자락에서 돌아누운 나무들이
손 넘기고 울고 있는 덧물 속
돌아설 곳 없는 눈만 내리는 가파른 밤이어도
무릎을 맞대고 서로의 짙푸른 멍을
눈발보다 가볍게 봐줘야 할
그런 순간이 있다

• 손 넘기다 : 시기를 잃다
• 덧물 : 얼음 위에 괸 물

첫눈이 이렇게 대책없이
내리는 밤이면

그 여름날,
손톱 끝에 남아 있는
선혈의 꽃물 뒤로
사무쳤던 그리움이
일어나
가슴속을 걷는다

시 · 첫눈 내리는 날 · 중에서

첫눈 내리는 날

그 여름날
장독대 옆에 서 있던 접시꽃이
눈 찡그리며 땀 뻘뻘 흘릴 즈음
잠투정하는 아이를 등에 업은 아낙은
빨랫줄에서 눈이 부시도록 하얗게 마른
풀 먹인 이불 홑청을 걷어 차곡차곡 개어
다듬잇돌 위에 얹는다

쉼 없는 다듬이질 소리가 자장가 인양
어미 등에서 달게 자는 아이는
빙긋이 옹알이 잠꼬대 중이고
문득 손을 멈춘 아낙의 마음은
종일토록 마당 끝 대문 밖을 서성이는데

시절 그리움도 때 지나면 그만이라는데
임 오실 발자국 소리 목마름은 깊어만 가고
손톱에 매달린 봉선화 꽃물만 애처롭다

첫눈이 이렇게 대책 없이 내리는 밤이면
그 여름날,
손톱 끝에 남아 있는 선혈의 꽃물 뒤로
사무쳤던 그리움이 일어나
가슴속을 걷는다

소름꽃

두터운 옷소매 위로
별꽃들이 피어난다
한치 허락도 없는
촘촘하게 얽힌 그늘을 뚫고
시위하는 바람 한 점
계절의 시름을 불러 모아
시린 발목 아래에서
빚은 발원 무색하게
숨구멍 너머로 보낸
닿지 못하는 저 혼연함이여

잃고 싶지 않은 것

뿌옇게 피어오르는 안개 길을 헤치며
삽 한 자루 들고 가을걷이가 끝난
무서리 하얗게 내린 밭으로 간다

무명신이 젖거나 말거나
풀 섶에 매달린 이슬을 밟으며
마른 가슴 하나 일으키려
하얀 서리 밭에 삽질을 한다

식은땀을 자아내고 있는
날벼락 맞은 놀란흙의 눈총을 받으며
이 틈 저 틈 헤집어도
가슴은 찾아지질 않고

붙들려 앉혀져 숨 쉬지 않는 시간 위로
햇살이 파고 들어와
바스락, 부추기는 바람에
그녀가 안개처럼 흩어진다

• 놀란흙 : 한번 파서 손댄 흙

눈 내린 천변에서

사방을 깨우는 물소리 맑은 천변을 걸었다

눈이 펑펑 내린 너른 벌에 새들이 내려앉으면
발자국 보겠다고 숨을 내몰며 뛰었던 날이 있었다

지금,
숫눈벌엔 숱한 새발자국 찍혔을 텐데
그걸 본다 해서
무연한 순백에 찍힌 글들을
그때처럼 읽을 수 있을까
점 하나 찍기에도 떨렸던 첫사랑 같은 것을
순백에 깃들지 못한 지금은
점점이 부서트리고 만다

별말 없이 떨어지는 햇살에
물비늘이 어지럼증을 불러오고
휘청거리며 천변을 걷는 등 뒤로
무지개를 걸고 있는 돌개울의 맑은 물소리가
등자뼈에 미치지 못하고 흩어진다

소녀 ••••• 첫눈에 붙이는 노래

여리

주룩... 주르룩...
빗물이 흘러내리는
창밖을 마냥 신기한 눈빛으로
바라보는 소녀.

뭘 그렇게 보고 기셔?
응?
아~
입꼬리가 올라간다.

비가 오시네여... 하면서도
연신 까치발을 하고
하늘을 올려다보며
호기심 가득한 눈동자가 반짝인다.

후웅~
찬 바람이 성큼거리며
방안으로 들어 오는데도
아랑곳하지 않고
창밖으로 고개를 내밀고
손바닥에 눈 송이를 받으려 하는 소녀.

뭐 하시나?
눈이 오시네여
함박눈 이어여.
어느새 얼굴에 함박꽃이 피었다.

여우비가 오면
여우비라 신기하고

장대비가 오면
장대비라 반갑고

진눈깨비가 오면
진눈깨비라 신기하고

싸락눈이 오면
싸락눈이.....

함박눈이 오면!
양말 신는 것도 잊은 채
슬리퍼를 끌고
눈 맞으러 달려 나가는 소녀.

뽀드득! 뽀드득!
소복이 쌓인 눈 위에
발자국 만들기에 신바람이 난 그런 소녀.

양 볼에는
발그레한 동백꽃을 피우면서

수줍은 웃음을 한 바구니 담아
나를 보며 손짓하는
그런 소녀.

그 때나 지금이나
한 결 같은 소녀.

사랑할 수밖에 없는 소녀.

한 여름
지루한 가뭄에
메말라가는 마음을
단비로 채워주는 소녀.

동짓달
칼바람에 조금씩
식어가는 가슴을
눈송이처럼 따뜻하게
보듬어주는 소녀.

내 안에.
소녀.

그래서 난
행복한 사람.

박영희 시인

 시인이 글을 쓰고 읽는 건 당연하다.
혼신을 다해 자기의 모든 시 세계를 다 담으려 이 순간에도 노력하고 고민하고 있는 것이다.

 박영희 시인의 시적 세계는 크게 세 가지 경향을 보이고 있다

 첫째,
 최근 범람하는 유행 시편들과 다르게 비교적 전통 서정 문법에 충실하다. 그녀의 시에는 가슴 아픈 (과거 현재 미래) 서사가 있고 정제된 언어 미학의 시편들은 순도 높은 감성으로 읽는 이의 마음을 적시는 시적 아우라와 마력을 담보로 한 시어의 행간마다 크고 작은 울림소리가 들린다.

 둘째,
 여린 감성에서 나오는 뛰어난 관찰력과 상상력을 통해 내면의 표현성을 경험의 차원으로 확장 극대화시켜 만물의 원리를 노래함으로써 시인 자신이 몸소 겪어 낸 구체적 체험을 심미적 감각으로 표현한 고운 글이 장점이다.

 셋째,
 부단한 자기 수련을 통해 서정적 목가적으로 풀어내는 시어 하나하나가 삶의 미학과 같아 시적 대상에 대한 실마

리를 자신의 정체성에 두고 만들어낸 낯설고도 아름다운 시적 감각이 독보적이다.

 박영희 시인의 시집을 찬찬히 읽고 또 읽으면서 주저 없이 서정시(抒情詩)라고 독백해 본다. 지금의 시대는 어떠한가? 문명의 이기 현상으로 인해 인간 본연의 자아를 상실한 시대라고 말할 수 있다. 정보의 홍수 속에서 꼬리에 꼬리를 무는 특종 시대가 도래한 것이다. 시인은 시를 쓰는 것이 아니라 긍정의 미학으로 출발시킨 감성을 통해 신비로운 세계로 들어가는 것이다.

 <우연처럼 뜬금없이> 시집은 내밀한 어조로 전달하는 곡진함과 성장통을 긴 호흡의 아름다운 서정으로 빚어낸 작품이라 더욱 애착이 간다. 이 때문에 박영희 시인의 감성이야말로 독자들의 영혼을 치유하는 힘을 가지며 메시아적 존재로 감동과 공감 재미를 더해주고 있어 시를 더욱더 시답게 만들어 주고 있다.

 이 형 동 시인

박영희 시집

우연처럼 뜬금없이

초판1쇄발행 2022년 5월 20일

지 은 이   박영희
펴 낸 이   양상구
웹디자인   박영희
펴 낸 곳   도서출판 채운재
주   소   우) 01314 서울시 도봉구 시루봉로 15라길
          38-39 301호
전   화   02-704-3301
팩   스   02-2268-3910
H · P   010-5466-3911
E.mail   ysg8527@naver.com

정 가 10,000원

* 작가와의 협의하에 인지는 생략합니다.
* 파손 및 잘못된 책은 교환해 드립니다.